Sabine Lipan

Immer mit rotem Sofa

Geschichten von
Aufbruch und Ankommen

Verlag Expeditionen

Bibliografische Information der Deutschen Nationalbibliothek:
Die Deutsche Nationalbibliothek verzeichnet diese Publikation in der Deutschen Nationalbibliografie; detaillierte bibliografische Daten sind im Internet über http://dnb.dnb.de abrufbar.

Sabine Lipan
Immer mit rotem Sofa
Geschichten von
Aufbruch und Ankommen

Cover Design: Birgitta Sjöblom

ISBN 978-3-947911-21-9

Für Thomas

INHALT

Angenehmen Aufenthalt

Die Tür hinter ihr fiel zu. Sie schloss nicht ab. Drehte sich auch nicht um. Umdrehen bringt Unglück, dachte sie. Da erstarrt man schnell. Und das war ungefähr das Gegenteil von dem, was jetzt vor ihr lag.

***

„Willst du Toast oder Müsli?"
„Toast, danke. Mit Käse. Und Marmelade. Erdbeermarmelade. Deine Selbstgemachte. Und Kaffee mit Milch."
Warum hatte sie eigentlich gefragt? Er aß doch sowieso jeden Morgen dasselbe. Ihr Mann und Müsli, was für eine bescheuerte Frage. Aber man konnte es ja mal probieren, ab und zu. Vielleicht passierte ja ein Wunder, das Unerwartete, gänzlich Unglaubbare.

Vielleicht würde ihr Mann ja – nachdem er aufgestanden war und erst den linken, dann den rechten Schlappen angezogen und das Schlafanzugoberteil aus der Hose gezogen hatte, zur Toilette gegangen war, einmal gepupst und sich einmal geräuspert hatte, in den Spiegel geschaut und dabei das Gesicht verzogen, die Hände gewaschen und nicht abgetrocknet hatte, sodass die Tropfen die Treppe hinunter bis zur Küche sichtbar waren – vielleicht würde er trotz alledem an einem Morgen tatsächlich Müsli wollen. Oder Tee statt Kaffee. Oder wenigstens Kaffee mit Zucker statt mit Milch.

Bisher war es noch nicht geschehen, das Wunder, aber die Hoffnung stirbt bekanntermaßen zuletzt.

Oder täglich.

„Was machst du bloß die nächsten vier Tage?"

Sie grinste ihn schelmisch an.

„Wieso?"

„Na ja, soweit ich weiß, frühstücken die Italiener ja nicht wirklich viel. Eher einen

Cappuccino mit nix, oder so. Keine Ahnung, wie du da an deinen Toast mit Käse und Erdbeermarmelade kommen willst."
Er legte die Zeitung aus der Hand.
„Du tust ja gerade so, als ob ich nichts anderes essen könnte. Ehrlich. Ich mag auch gerne mal was anderes zum Frühstück."
„Himbeermarmelade."
„Ja, die auch. Wenn sie von dir ist."
„Oder Kirsch."
„Genau."
„Hauptsache rot. Gelb geht nicht, stimmt's?"
„Was hast du denn? Warum bist du denn so zickig heute Morgen? Ist doch egal, was ich gerne esse, oder? Das ist doch unser letztes Frühstück. Ich bin doch weg heute Abend. Morgen sitzt du hier alleine."
Genau. Morgen würde sie hier allein sitzen. Komisches Gefühl. Sie frühstückte eigentlich nie allein. Immer mit ihm. Sie Müsli. Er Toast. Eigentlich war sie auch nicht viel besser. Immer Müsli.
„Ist ja gut", ihr Tonfall wurde versöhnlicher. „Hast ja Recht. Ich fänd es auch nicht schön,

dauernd in irgendwelchen fremden Betten zu schlafen."

„Und keine selbstgekochte Erdbeermarmelade zu kriegen." Er grinste.

„Und keine selbstgekochte Erdbeermarmelade zu kriegen." Sie grinste zurück.

Als er aus dem Haus war, setzte sie sich noch einmal mit einem Kaffee aufs Sofa. Stellte das Radio an. Auch so eine Gewohnheit, jeden Morgen den Tag zum zweiten Mal zu beginnen. Mit ihrem Kaffee. Und dem Radio. Wann hatte das eigentlich angefangen? Dass sein Start in den Tag nicht mehr ihrer war? Dass sie für ihn alles herrichtete, Frühstück machte, hin- und wieder wegräumte. Und bei allem das Gefühl hatte, dass das zwar sein täglicher Tagesbeginn war. Aber nicht ihrer.

Bis zu dem Moment, wo sie mit ihrem Kaffee auf dem Sofa saß, war sie eigentlich eher eine Frühstücksmacherin. Eine Toastbelegerin. Eine Löffel-ins-Marmeladenglas-Steckerin. Seine Frau halt.

Wann hatte das also angefangen, dieses du und ich statt wir? Irgendwann vor ein paar

Jahren, vermutete sie. Ganz schleichend, sie konnte keinen Zeitpunkt sagen. Vermutlich, nachdem die Kinder aus dem Haus waren. Irgendwann dann.

Fühlte sich komisch an, darüber nachzudenken. Aber war das schlimm? So wie es jetzt war?

Es war nicht wirklich abwechslungsreich, ihr Leben, bisher. Das Haus, zwei Kinder, sie ohne Job. Viel Urlaub war nicht drin gewesen. Meist zu seinen Eltern. Die wohnten am Meer. Nur 50 Kilometer entfernt.

Das Haus war jetzt fast abgezahlt.

Eigentlich müssten wir jetzt doch mal richtig in Urlaub fahren, dachte sie, während sie den letzten Schluck Kaffee trank. In die Sonne. Irgendwohin. Ich werde ihn fragen, wenn er aus Rom zurück ist. Sofort, wenn er aus Rom wieder da ist. Denn nächste Woche geht es ja schon nach Belgrad. Was frühstücken die eigentlich in Belgrad? Sie googelte „serbisches Frühstück". Aha, man würde „Burek" frühstücken. Blätterteig mit Hackfleisch gefüllt. Ihr Mann hasste Blätterteig. Vielleicht sollte sie ihm ein kleines Toastbrot mitgeben? Und Erdbeermarmelade? Nein, Serbien war das Himbeerland schlechthin, hatte sie mal gehört. Da würden die wohl vernünftige Marmelade machen können. Nein, sie würde nichts einpacken, das ginge nun wirklich zu weit.

Sie stand auf, räumte das Frühstücksgeschirr in die Spülmaschine und ging hoch ins Schlafzimmer.

Rom, das hieß Italien, das hieß den modernen Anzug, den taillierten. War der eigentlich sauber? Er würde heute Abend garantiert wieder in totaler Hektik, auf die letzte Minute packen. Besser, sie schaute vorher schon nach, ob der Anzug sauber und die passenden Hemden gebügelt waren. Krawatte raussuchen wäre auch nicht schlecht. Letztes Mal hatte er die rotgestreifte zum ockerfarbenen Hemd getragen. Hatte sie auf einem Foto gesehen. Alle waren chic gewesen, farblich passend, auf dem Bild. Männer wie Frauen. Nur bei ihm, ocker und rot gestreift. Grauenvoll.

Sie holte den Anzug aus dem Schrank und klopfte ihn mit der Hand leicht aus.

Drei Hemden lagen schon zusammengefaltet auf dem Stuhl – ob er die wohl mitnehmen wollte? Vermutlich. Aber ja wohl nicht das Dunkelblaue zum braunen Anzug, oder? Das war ja wohl nicht sein Ernst.

Sie nahm die Hemden hoch und legte sie nebeneinander aufs Bett.

Zwischen dem ersten und dem zweiten Hemd hatte ein Blatt Papier gelegen. Die Reservierungsbestätigung. Typisch. Wenn er heute Abend ins Hotel gekommen wäre, hätte er mal wieder seinen ganzen Koffer durchwühlen müssen, um das Ding zu finden.

Sie nahm das Blatt und legte es beiseite.

Etwas sah merkwürdig aus auf dem Blatt. Nur eine kleine Ziffer, aber merkwürdig. 2 stand dort. Bei „persone" stand eine 2. Ob die die Übernachtungen meinten? Nein, da stand eine 3, vollkommen korrekt.

Sie setzte sich aufs Bett. Saß dort, wohl für ein oder zwei Stunden.

Dann stand sie auf. Atmete tief durch. Und ging in den Keller.

„Buonasera, Signor! Buonasera, Signora!" Der Portier war einer von der höflichen Sorte. Keine Selbstverständlichkeit in diesem Land. Er hatte schon alles erlebt: Kein Aufzug, kein Kofferträger, sogar Rezeptionen, in denen einem nur der Schlüssel auf die Theke geklatscht wurde und man selbst herausfinden musste, wo das Zimmer lag.
Dieser war sehr freundlich. Er konnte sogar Englisch. Und, noch besser: Deutsch.
„Isch ware lange inne Deutschelande. Meine Bruder hat Eisdiele, in Stuttegarte."
Witzig, dass die überall ein „e" dranhängen mussten. Oder lag das an Stuttgart?
Egal, jetzt erstmal aufs Zimmer, duschen, und umziehen. Und dann gut essen gehen in die kleine, schnuckelige Pizzeria, ganz nah am Hotel. Hatten sie erst beim letzten Mal entdeckt.
„Ische wünsche angenehmen Aufentalte."
„Danke sehr!"

Im Zimmer öffnete er als erstes den Koffer.
Alles war rot.
Anzug, Hemden, Krawatten, Unterwäsche, Pyjama, Socken.
Überall rot. Klebrig, voller kleiner Stückchen.
Alles rot.
Ein Zettel obenauf. Auch rot, aber lesbar.
„Ich wünsch dir einen süßen Aufenthalt", stand darauf.
Und dann noch: „Kratz sie ab. Fürs Frühstück. Mit der letzten selbstgekochten Erdbeermarmelade solltest du sparsam umgehen."

Lebensgeld

Es war einer jener Tage Mitte Januar, an denen der Winter einen kurzen Moment lang sein Ende ahnen lässt. Im Hinterhof leuchteten die ersten weißen Köpfe der Schneeglöckchen aus dem braunen Grau alten Laubes und vorn, neben der Eingangstreppe, wagten sich bereits einige kleine blaue Blüten gegen die allgemeine Tristheit hervor.

Sie stand neben der Rolltreppe, an eine plexigläserne Auskunftstafel gelehnt, verdeckte mit ihrem Körper die Angaben zu *Erdgeschoss* und *Untergeschoss*, lediglich die Hinweise auf die *Sportabteilung* und die *Damenoberbekleidung* in den oberen Stockwerken waren aufgrund ihrer geringen Körpergröße noch lesbar.

Leicht gebückt stand sie. Vor sich und zwischen den Füßen etliche Plastik- und Papiertüten verteilt, deren Inhalt sie, obgleich der

Geschäftsbeginn in der Innenstadt erst gut 30 Minuten zurücklag, offensichtlich alle bereits an diesem Morgen erstanden hatte. Ihr Pepita-Wollmantel war alt, aber von immer noch sichtbar guter Qualität. Der leuchtend rote Schal aus schlechterem Material. Ihr Gesicht war nicht zu erkennen, da sie konzentriert und unter leichtem Murmeln, den Blick nach unten, mit den Fingern in einer Geldbörse herumsuchte. Die Haare trug sie kurzgeschnitten, offensichtlich von Natur gelockt, denn im Gegensatz zu der übrigen akkuraten Erscheinung kringelten sie sich in jede beliebige und wohl nicht leicht steuerbare Richtung.

Am Straßenverkaufsstand einer exquisiten Bäckerei in der Fußgängerzone ließ sie sich ein Tütchen spezieller Ingwerkckse abwiegen. Auf der Suche nach dem passenden Kleingeld stupsten ihre Finger die Münzen im Portemonnaie klingelnd durcheinander.

Als die Bahn kam, stieg sie in letzter Sekunde ein und setzte sich auf einen noch freien Platz.

Die zahlreichen kleineren und größeren Tüten bereiteten ihr Schwierigkeiten beim Hinsetzen und kaum, dass an der nächsten Haltestelle die benachbarten Plätze frei wurden, stellte sie alle auf die Sitze, anscheinend unbekümmert darüber, dass voraussichtlich beim nächsten Halt neue Fahrgäste die Plätze beanspruchen könnten.
Dann begann sie, ihre Schultertasche zu durchwühlen, eine Patchworkarbeit aus unterschiedlich hellem und dunklem Ledermaterial, die so oder ähnlich vor zwanzig Jahren einmal als Mode-Tipp die Innenseiten der Frauenzeitungen beherrscht haben mochte.
Kurz hielt sie ein rotgeblümtes Kosmetiktäschchen in der Hand, öffnete es, begann mit den Fingern darin herumzustochern, wobei wieder der Klang von Münzen zu hören war. Danach kramte sie einige Pappschachteln renommierter Kosmetikfirmen hervor, aus denen ebenfalls Münzklappern zu hören war. Sie entnahm einige Münzen und steckte sie in ihre Manteltaschen. Dann stellte sie die Schachteln neben sich auf den Sitz

und verstaute das offene rote Täschchen wieder in schweins- und rindsledernem Patchwork.
Mit einem Seufzer begann sie, die verschiedenen Plastiktüten, deren Namenszüge einen Querschnitt durch die hochwertigen Einzelhandelsgeschäfte der Altstadt boten, in verschiedenster Art ineinander oder auseinander zu sortieren.
Eine ältere Frau setzte sich auf den freien Platz ihr gegenüber und grüßte kurz.
Die Dame im Pepita-Mantel nahm ihre Geldbörse aus der Tasche, öffnete sie und durchsuchte sie mit ihren schlanken Fingern erneut.
„Die Scheine gehen weg, sie gehen einfach weg, das glaubt man nicht", murmelte sie, drehte einige Münzen zwischen zwei Fingern, rieb sie mit Daumen und Zeigefinger und ließ sie in der Manteltasche verschwinden. „In der Stadt denke ich immer, ich kann alles gebrauchen, aber zu Hause ärgere ich mich dann doch wieder ..."
„Das war früher ja besser, als es Bergmann

noch gab", sagte die Frau vom Sitz gegenüber, „da war es viel kleiner und überschaubarer. Die hatten nur, was man auch wirklich brauchte."

„Ja, Bergmann", die Augen der Dame im Pepita-Mantel wanderten nach unten. „Bergmann, das war mein Vater. Und dann mein Mann. Die Tochter wollte es nicht, da hat's unser Neffe übernommen. Aber jetzt ist der Laden weg. Doch er hat es wohl richtig gemacht, mein Neffe, meine ich, wohl richtig, wie ich das sehe."

Sie suchte die Münzen wieder aus den Manteltaschen hervor und brachte sie ins Portemonnaie zurück. Es blieb geöffnet.

Unvermittelt sah sie auf: „Ich hatte ja keine glückliche Kindheit, wissen Sie, meine Eltern waren immer nur im Geschäft. Nur ein bisschen Streicheln vielleicht, das wäre schön gewesen, aber nie abends, da war man ja auch müde. Immer müde."

„Das war eben so damals, meine Eltern hatten auch einen Laden, wir waren fünf Kinder, da blieb keine Zeit, das kenne ich, Zeit gab's nie", die Frau ihr gegenüber nickte zustimmend.

„Am schlimmsten", die Pepita-Dame zog ihren roten Schal fester, „am schlimmsten war es immer an Weihnachten. Erst die ganze Arbeit, und dann nur Streit. Nichts Warmes, wissen Sie ... Die beiden Mädchen von meinem Neffen, die hatten auch nie ein richtiges Nest. Immer die viele Arbeit. Jetzt hat er es ja weggegeben, das Geschäft, aber die sind nun auch schon fast groß. Silvester, da war mein Enkel da und hat draußen geknallt um Mitternacht. ‚Da steht ein Herr Bergmann, Oma', sagt mein Enkel da, und das war mein Neffe, wollte nur sagen, wie ungern er das Geschäft abgegeben hatte, aber die Zeiten und die Konkurrenz und dieses Internet und ein Frohes Neues Jahr. Mein Mann hat's nicht mehr erlebt, schon lange nicht mehr."

Ihre Hände hielten inne in dem ständigen Bemühen, die Münzen in Bewegung zu halten. Sie stand auf.

„Er war sehr klein von Statur, mein Mann",

sagte sie, während sie ausstieg, „aber er war groß genug, mir über die Haare zu streichen. Groß genug für mich, wirklich groß, das war er ..."

Die Bahn fuhr weiter, der rote Schal leuchtete noch einen Augenblick durchs Fenster. Neben der Eingangstreppe trotzten die kleinen blauen Blüten auch weiterhin den winterlichen Temperaturen.

Immer mit rotem Sofa

Puderdose, Schwämmchen und Pinsel.
Verdammt noch mal, das kann doch nicht so schwer sein. Drei Dinge, immer dieselben drei Dinge, und sie begreifen es nie. In Köln so wenig wie in Paris.
Puderdose, Pinsel – kein Schwämmchen. Soll ich vielleicht mit den Fingern das Make-up auftragen, oder was?
Wenigstens stimmt das Wasser – französisches Wasser, oder italienisches. Nur in Glasflaschen. Mit Kohlensäure. Viel Kohlensäure.
Wasser ohne Bläschen. Wasser aus dem Hahn. Und Most, Apfelmost, Pflaumenmost, Birnenmost. Mit Wasser aus dem Hahn. War ja genug Obst im Garten.
Wir müssen nichts kaufen. Wir haben doch alles.
Das Sofa ist blau, dabei sollte es doch rot sein. Sie wissen doch, dass ich blaue Sofas

hasse. Steht doch genau so im Vertrag. Steht überhaupt alles im Vertrag. Kein Blau.

Der blaue Anorak ist doch schön. Der wird auch nicht so schnell schmutzig.

Ich möchte aber gern den anderen, den pinken.

Der blaue ist viel praktischer.

Ich möchte den da, den in Pink, mit dem Fellkragen.

Und guck mal, der blaue hat viel mehr Taschen. Und man kann ihn waschen.

Ich – will – aber – diesen – hier – den – pinken – diesen – hier – diesen – hier!

Kein blaues Sofa, das soll sofort einer raustragen. Wenn sie kein rotes haben, dann sollen sie eins besorgen. Steht doch im Vertrag: Immer mit rotem Sofa.

Musst die Blusen drüber tragen. Locker drüber. Das kaschiert.

Tüll, Taft, Seide, Spitze. Und Pailletten. Eng. Tailliert. Zweite Haut für immer.

Halt dich grade. Brust raus, oder da, wo noch eine hin soll. Rollkragen ist gut, das streckt.

Sitzt das Dekolleté? Etwas zupfen und ziehen – na also, geht doch. Man kann das Muttermal sehen. Gut, dann ist der Ausschnitt tief genug.

Wo um Himmels willen ist die Kette. Die goldene. Die mit dem nackten Mann als Anhänger. Ich hasse es, wenn immer alles fehlt.

„Ja, ja, kommt gleich, kommt sofort, ich suche sofort" – nicht sofort suchen, sondern gestern. Weiß doch jeder, dass ich ohne die Kette nicht auf die Bühne gehe.

Ein nackter Mann am Hals, die Füße halb im Busen.

Aus Gold.

Nur für mich.

Ziehen im Unterleib. Braune Flecken im Flanellnachthemd. Der Gang in die Küche. Ihr Blick. Geschirrklappern.

Was ist passiert, Mama?

Nichts, das geht jeder Frau so. Du musst jetzt mit den Jungs aufpassen und dir immer die Hände waschen.

Da stehen die Lippenstifte, na wenigstens etwas.

In goldenen Hüllen.

Nimm doch lieber nur den einen Lidschatten, Kind, hellblau vielleicht. Nein, nicht die Packung mit den vielen Farben, was willst du denn damit? Nimm doch erst einen, dann kannst du dir die anderen nach und nach kaufen. Immer einen mehr. Dann kannst du dich darauf freuen. Und hast was davon. Nicht alles auf einmal, lieber nach und nach.

Sieht doch ganz anders aus, wenn man sich die Lippen mit goldener Hülle rot anmalt. Oder pink. Oder mauve. Oder rost. Oder orange. Oder rosé. Oder violett. Oder purpur.

Ich nehm' den roten. Die Sitze drinnen sollen grün sein, da ist rot gut.

Dezent muss es sein, ganz dezent.

Knallrot. Lieber noch mal drüber gehen. Oberlippe, Unterlippe, Oberlippe, Unterlippe.

Taschentuch.

Grinsen.

Zähne zeigen.

Mund zu.

Welche Schuhe? Schuhe sind das Wichtigste. Schuhe und schlanke Fesseln.

Du brauchst nur Holzklepper und Gummistiefel. Schau mal, die Hush Puppies, wie praktisch. Die kannst du bei jedem Wetter anziehen.

Lack und Samt, Strass und Glitzer, Strauß und Kroko.

Pass bloß auf deine Füße auf. Zieh nie zu enge Schuhe an. Das gibt Krampfadern. Du brauchst Halt in den Schuhen. Bei spitzen Schuhen kriegst du kaputte Ballen. Hohe Absätze machen Hammerzehen.

Welche Schuhe, welche Schuhe, welche Schuhe?

Die schwarzen. Hauchdünnes Bändchen auf hauchdünner Sohle.

Schlanker Absatz, schlanke Fesseln.

Chanel No 5.

Die Treppe hoch.

Der Gang hinter der Bühne.

An den Technikern vorbei.

Wünsche. Lachen. Umarmung.

Luft holen.

Ein Schritt.

Durchatmen.

Ein Schritt.

Die Treppe runter.

Ein Schritt.

Applaus, Gesichter, Lichter, Jubel, Füße,

Rufe, Applaus, Gesichter, Lichter, Trampeln,
Rufe, Scheinwerfer, erste Töne.
Angekommen.

Der Würfel

Getroffen habe ich die beiden auf einem Festival in Holland. Mit der x-ten Neuformation seiner Band waren mein Mann, Schlagzeuger, und ich dorthin gereist, um Gitarristen und Keyboarder kennenzulernen. In einem feuchten, muffigen Zelt, offensichtlich angemietet von irgendeinem Schützenverein, bei irgendeinem Konzert irgendeiner Band, wollten wir uns treffen.

Michael hieß der Gitarrist, groß, dünn, langhaarig. Er war mit Frau gekommen. Melanie sah aus wie vergessen, wie stehengelassen, mit langen, glatten Haaren, dickem Lidstrich und knallblauem Lidschatten. Und das Anfang der 1980-er Jahre. Ganz still war sie, Michael auch.

Bald lernten wir sie samt Kind und Einfamilienhaus näher kennen. Freunde wurden sie uns, auf eine merkwürdige Art und Weise.

Michael hegte stets eine grenzenlose Bewunderung für meinen Mann und war doch selbst ein besonderer Gitarrist. Kaum ein anderer konnte eine solche Wärme aus den Saiten herausholen – was aber niemand hören wollte. Immer wieder nahm er auf, komponierte mehr schlecht als recht, um dann mit seinem Gitarrenspiel aus der schlaffesten Nummer noch etwas Göttliches herauszuholen,

Melanie war eine Dulderin, wie ich sie selten erlebt habe. Immer sanft, immer freundlich, ganz selten genervt von den Launen ihres Mannes. Sie glaubte fest an ihn und unterstützte alles, was er tat. Sie arbeitete für wenig Geld im Büro. Er bekam Unterstützung vom Arbeitsamt, das ihn als Musiker nicht vermitteln konnte.

Geld hatten sie nie. Nur Schulden. Immer wieder glaubten sie fest an die neue Produktion, die neue Aufnahme, die neue Band. Das große Haus bis an die Grenzen belastet. Im Winter saßen wir alle in einem klitzekleinen

Raum, der von einem Ölradiator halbwegs warm gehalten wurde. Um uns herum eine Flut eiskalter, ungenutzter Räume und ein Siff, wie ich ihn kaum wieder erlebt habe.
Die Toilette konnte am Geruch schon von draußen geortet werden. Die Katze hatte im Schlafzimmer auf dem Kopfkissen vier Junge geworfen. In der Küche konnte man sich nur unter Lebensgefahr barfuß bewegen.
Aber irgendwie war das alles egal. Es waren einfach liebe, unschuldige Menschen. Bei all ihren Sorgen waren sie von einer solchen Arglosigkeit dem Leben gegenüber, wie ich es selten gesehen habe.
Wenn wir zu Besuch waren, stritten sich mein Mann und Michael meist bis aufs Blut. In der Regel um die Musik. Manchmal um Gott und die Welt. Melanie und ich strichen früher oder später die Segel, gingen schlafen und konnten es doch nicht bei dem Lärm.
Irgendwann in der Nacht, wenn wir schon dachten, sie würden jetzt gleich mit Messern aufeinander losgehen, packten sie plötzlich die Instrumente aus, holten die Wodkaflasche

oder den Gin und dann erklangen die alten Blues-Schnulzen, bis die Kehlen heiser waren. Oder sie „das Wahnsinnsstück", den "Megahit" komponierten.
Besoffene Gitarrenfinger, harte Schlagzeugklänge auf dem Tisch, dazu zwei Stimmen, denen die Balance für Melodien in dieser Nacht längst abhandengekommen war. Am nächsten Tag folgte mitsamt Kind der obligatorische Ausflug ans nahegelegene Binnenmeer. Danach fuhren wir wieder nach Hause.
Nie kamen sie uns besuchen. Immer fuhren wir zu ihnen. Weil sie wenige Freunde hatten, war es ihnen wohl lieber, wenn jemand Abwechslung in ihren Alltag im Einfamilienhaus in gutbürgerlicher Umgebung brachte, in die sie so gar nicht passen wollten.
Unsere Besuche überdauerten die Jahre. Fast immer nach demselben Schema.
Dann kam jener Sonntag im Sommer. Ich werde ihn nie vergessen.
Michael hatte schon immer viel getrunken, hatte seinen Führerschein verloren und war in psychiatrischer Behandlung, weil er große

Gebäude, auch von außen, nicht ertragen konnte.

An jenem Sonntag waren wir mit reichlich Grillfleisch im Kofferraum wieder einmal auf dem Weg zu den dreien. Gegen Mittag kamen wir an, und Michael war sturzbetrunken. An sich nicht ungewöhnlich, aber irgendetwas war doch anders.

Er war bleicher, obwohl auch sonst eher blass. Seine Augen groß, rot. Der Blick weit weg.

Michael erzählte, dass man ihm vom Arbeitsamt eine Umschulung „nahegelegt" hätte, sonst würde er keine Unterstützung mehr erhalten können.

Ihn, den Gitarristen mit den sensiblen Fingern, wollten sie zum Werkzeugmacher „ausbilden".

Seit sechs Wochen sei er dabei, erzählte er, und dann fing er an zu kichern. Nicht zu lachen, nein, so ein gruseliges, hohles Kichern, wie aus einer anderen Welt. Er griff in die Hosentasche seines Blaumanns, den er nun auch zuhause immer trug:

„Guckt mal", grinste er mit verzerrtem Gesicht, „an diesem Ding feile ich nun schon seit sechs Wochen. Das ist das Produkt von sechs Wochen harter Arbeit. Toll, nicht?"

Das Ding war ein Würfel aus Stahl oder was weiß ich. Nicht viel größer als jene in Mensch-ärger-Dich-nicht-Spielen. Wir wussten nicht, was wir sagen sollten. Melanie sah zu Boden. Aber ich habe noch die Tränen in ihren Augen gesehen. Auch mir war mehr zum Weinen zumute. Doch es ist oft so: In den Momenten, in denen man eigentlich zusammen mit jemandem weinen sollte, versucht man stattdessen zu trösten, abzulenken. So auch wir. Mit flapsigen Sprüchen, Witzen und sarkastischen Bemerkungen über das Arbeitsamt ging der Moment vorüber.

Ich werde ihn nie vergessen.

Wir hatten die Bedeutung dieses Augenblickes einfach nicht erkannt.

Wir grillten, lachten, die Männer tranken noch mehr Alkohol und versumpften in Spekulationen über Verträge, Songs, Verlage und imaginäre Tantiemen.

Wochen später fuhren die drei in den Urlaub, nach Italien, ans Mittelmeer.
Und dann rief uns Melanie an. Von Zuhause.
Nach noch nicht einmal einer Woche Ferien hatte Michael einen Zusammenbruch erlitten und war in ein italienisches Krankenhaus eingeliefert worden. Nicht transportfähig, hieß es.
Er fiel ins Koma.
Erwachte.
In seinem Krankenhausbett hätte er beschwörend immer nur das eine gesagt:
„Aber wir halten immer zusammen, ja?"
Keiner der drei konnte sich mit Ärzten oder Schwestern verständigen. Keiner fand einen Ausweg. Sie waren wie gelähmt.
Nach einer weiteren Woche ist Michael in Italien am Mittelmeer gestorben. Auf dem Totenschein stand auf Italienisch „Versagen der Bauchspeicheldrüse".
Von einem Würfel war dort nicht die Rede.

Der Baum

Die trockene Luft im Abteil kratzt im Hals. Abgestandener Geruch getrockneter Koffer, süßlicher Bananen und gelangweilter Menschen. Zehn Stunden nasse Jacken, matschfeuchte Schuhe.
Zuhause war Schnee. Hier ist alles grau.
Der Blick aus dem Fenster – längst Routine: Die Bilder passieren den Raum zwischen Brille und Auge, ohne hängen zu bleiben.
Und noch zehn Stunden bis Montpellier.
Der Süden Frankreichs am ersten Weihnachtstag, oder ist es doch schon der zweite? Leichte Unruhe steigt auf, erobert Bauch und Brust. Ein unsicheres Flattern wie so oft in den letzten Wochen. Fünf Monate sind eine lange Zeit.
Noch zwei Stunden. Der Himmel wird heller. Die Sonne gaukelt durchs Abteilfenster

Wärme vor, die es draußen unmöglich geben kann. Nicht im Dezember. Nicht hier.

Der Rest der Fahrt wird von den Sonnenstrahlen durch staubmilchige Fenster angenehm warm eingelullt, und sie verhindern weiteres Nachdenken oder gar eine Vorstellung des Wiedersehens.

Zu viele Überlegungen im Voraus – Wie? Was? Wann? –, das lähmt, bremst, macht handlungsunfähig.

Im Beruf hat sie es längst begriffen, lässt los, notiert keine Fragen mehr für ihre Interviewpartner, höchstens noch Stichworte.

Privat ist sie vom Loslassen meilenweit entfernt.

Immer noch versucht sie, Situationen vorherzuberechnen, zu bestimmen, auf alle Eventualitäten hin abzuklopfen und Ausrutscher schon im Kopf zu vermeiden.

Alles im Griff, alles im Plan.

Umsteigen in Avignon.

Hier hält die Sonne das Versprechen, das sie drinnen gab. Dringt bis in die Knochen. Taut Vereistes auf, weckt Leben.

Auf sie gründen manche Länder ihren Mythos. Nur auf sie.
Dann Montpellier.
Er steht am Bahnhof. Natürlich ohne Blumen. Das erleichtert sie. Wenigstens nicht gleich am Anfang Unerwartetes. Sie braucht jetzt Vertrautes. Fremde Umgebungen machen sie zwar neugierig, aber immer auch traurig. Ihr fehlt das heimelige Gefühl des Alles-Schon-Kennens.
Seine Haare sind kürzer, der Schnurrbart länger.
Augen tasten ab.
Bist du's noch, oder muss ich, darf ich, kann ich mich auf Neues einstellen.
Die ersten Worte, das erste Lachen, die erste Umarmung. Erleichterung.
Im Auto dann nur noch Neugierde: Er wohnt am Stadtrand. In einer alten Mühle. Baufällige Appartements für zehn Studenten. Hinter dem Gebäude der alte Fluss. Biber gebe es hier, erzählt er gleich. Und vor dem Haus drei verwilderte Truthähne. Die weckten einen jeden Morgen mit schrecklichem

Geschrei. Zweimal schon hätte sein Zimmer unter Wasser gestanden. Parterre. Es sei immer feucht. Zum Frühstück gebe es Croissants. Wie im letzten Urlaub. Und irgendwann werde Mariola bestimmt mal kochen. Kreolisch. Und Pedro spiele die ganze Nacht Gitarre, unrhythmischen Jazz, aber nicht schlecht.

Sein Zimmer ist nicht groß, aber hoch. An den Wänden eine mit hellgrüner Ölfarbe überstrichene Tapete. Rechts in der Ecke die Matratze auf Europaletten: Wieder etwas Vertrautes. Sie lässt sich erleichtert fallen.

Auf dem Boden ein leicht angeschimmelter Teppich auf vertretenem Linoleum. Überall bekannte kleine Pflanztöpfe mit Blättchen und Stecklingen. Auf dem Tisch die Gauloise, was sonst.

Gegenüber die Küchenzeile. Leere Tomatenmarkdöschen, Teebeutel, Nescafé.

„Das Wasser musst du hier mindestens zehn Minuten kochen lassen", erklärt er, „guck mal, die Kalkschicht hier in der Kanne ist nur von heute Morgen."

Sie erzählt von zuhause, der Arbeit in der Redaktion, seiner Mutter, ihren Eltern, gemeinsamen Freunden und Bekannten.
Er vom Studium, den Sprachkursen, den Nächten im Schlafsack vor der Seminartür zur Anmeldung.
Und immer wieder von den Bibern hinter der Mühle. In der Dämmerung gehen sie hinaus. Sie will die Burg sehen.
Eine Wasserratte schwimmt parallel zu ihrem Weg, taucht auf, verschwindet. An der Biberburg rauscht das Wasser aus kontrollierten Durchlässen in den Fluss zurück.
Er bewundert die Konstruktion, die Technik der Tiere, ihren Einfallsreichtum.
Ihr tut der Fluss leid, seine gebrochene Kraft, seine gezügelte Energie.
Nach einer Flasche Wein, Pfandflasche, die mit den Sternchen, taut er auf. Erzählt von den Problemen, Leute kennenzulernen. Ausländische Studenten seien kein Problem. Aber die französischen kapselten sich ab. So verbringe er die meiste Zeit mit Pedro, der dicken Mariola oder dem kleinen Koreaner über ihm.

Stille. Nur in der Ferne rauscht Wasser.
Seine Hände. Vertraute Haut. Ineinander verschlungen.
Atemlos.
Die erste, eine neue, eine alte Nacht.
Sie schläft tief und fest, in den Gliedern immer noch ein bisschen das Rütteln des Zuges.
Morgens wecken die Truthähne. Er dreht sich nur um, überschläft das Geschrei. Durch einen Spalt zwischen den Gardinen fällt die Sonne auf das ungespülte Geschirr.
Ihr Blick wandert die Wand entlang, am Schreibtisch vorbei, über seine Haare hinweg zur Wand hinter der Matratze und bleibt an einem kleinen, gezeichneten Baum hängen.
Mit Bleistift in zarten Strichen, sanften Rundungen, weich angedeuteten Formen auf helles Grün gemalt. Voller Zärtlichkeit, wie aus dem unbewussten Gefühl heraus, etwas Bleibendes hinterlassen zu wollen.
Federleicht und tonnenschwer.
Konturen lösen schmerzhafte Stiche aus.
Sie kann den Blick nicht von ihm lösen, saugt

ihn in sich auf, als ob sie den Baum damit von der Wand löschen könnte.
Doch er hat Bestand, brennt sich ein mit seinen dünnen, hingehauchten Linien.
Verändert alles.
Leise zieht sie sich an, nimmt ihre Jacke vom Stuhl, öffnet die Tür.
Und wieder diese Sonne. Sie dringt ins Zimmer. Unerbittlich.
„Wohin gehst du?" Er ist wach.
„Croissants holen."
„Bring noch ein Baguette mit. Und die Eclairs, die sind phantastisch."
„Ist gut."
Sie geht ein paar Schritte.
Dann setzt sie sich auf einen Mauerrest.
Ihre Augen suchen die Sonne.
Solange, bis alles umher verbrannt ist.

Erdbeeren vom Ostmarkt

Wer kann schon von sich behaupten, die Erdbeeren stets an demselben Ort zu kaufen wie die Großmutter es tat?
Ich kann es.
Als Kind habe ich jedes Jahr fast alle Schulferien bei meiner Oma verbracht. In einer kleinen Zweizimmerwohnung im Bielefelder Osten. Tagsüber auf dem Sofa am Küchentisch. Nachts in Opas altem Bett.
Ich habe mit meiner Großmutter zu Silvester ihre Sammlung alter Brötchentüten aufgeblasen und mit einem Schlag knallen lassen. Wir haben Ostereier bemalt und versteckt. Ich durfte Tee von der Untertasse trinken und vom Brot die harte Kruste abschneiden. Es waren traumhafte Tage. Jedes Jahr aufs Neue. Besonders geliebt habe ich bereits damals den Besuch auf dem Wochenmarkt, mitt-

wochs und freitags. Zum einen sicherlich auch, weil genau gegenüber vom „Ostmarkt" Tante Agnes, die Schwester meiner Großmutter, wohnte und deren Bonbonglas einen scheinbar unerschöpflichen Vorrat an Bonbons in allen Farben enthielt. Zum anderen aber vor allem wegen des Marktes selbst, seiner Stände, der Bauern und der Kunden.

Das Portmonee meiner Großmutter war meistens nur mit Münzen gefüllt. Es waren harte Zeiten gewesen. Vor, nach und in den Kriegen. Ihre Rente war knapp. Deshalb ging meine Großmutter zweimal zum Wochenmarkt. Morgens in der Früh und am späten Mittag, kurz bevor die Marktleute ihre Stände abbauten. Morgens gibt es die frischesten Waren.

Vor allem bei Erdbeeren war ihr das wichtig. „Die müssen noch den Tau drauf haben", war ihr Kriterium für den Erdbeerkauf. Ich durfte als „Fachfrau" immer ein oder zwei oder mehr probieren, bevor sie endgültig gekauft wurden. Mittags, kurz vor Toresschluss, gab es dann die billigere Ware. „Bei

Gurken macht das nichts, wenn sie einen Tag alt sind", sagte Oma, „die werden sowieso eingekocht."

Das haben wir dann anschließend auch gemacht. 56 Gläser war unser Rekord.

Jahr für Jahr, Ferien für Ferien besuchte ich meine Großmutter und ging mit ihr Woche für Woche, Mittwoch für Freitag auf den Ostmarkt.

Nach dem Studium und Referendariat landete ich selbst in Bielefeld. Dass es der Osten der Stadt wurde, war sicherlich kein Zufall. Es gab die familiären Erinnerungen. Es gab den Wochenmarkt. Immer noch auf dem Ostmarkt. Immer noch mittwochs und freitags.

Ich kannte den Markt und der Markt kannte mich. Die Händler wussten, welche Apfelsorte ich bevorzugte oder welches Brot mir am besten schmeckte. Und die Kunden kannten die Händler, erkundigten sich besorgt, wenn einer wegen Krankheit fehlte.

Zu solchen Gelegenheiten habe ich auch ausgeholfen und hinterm Gemüse gestanden.

Meine Kenntnisse über festkochende, vorwiegend festkochende und mehlig kochende Kartoffeln mit all den wunderbaren Frauennamen wie Linda, Sieglinde, Annabelle, Hela oder Laura verdanke ich nur dieser Zeit.
Als ich schwanger wurde, habe ich als Erstes einen Markt-Mercedes gekauft, von anderen auch Hackenporsche genannt. Ich besitze ihn bis heute – sehr praktisch, bei großen und schweren Einkäufen.
Später kamen Gemüse und Obst erst unten auf den Kinderwagen, dann in das Netz vom Buggy, dann in den Rucksack. An der Hand war ja das Kind.
Komische, lautstarke und auch bewegende Momente – der Ostmarkt hat alles zu bieten.
Etwa die alte Blumenfrau. Mitten im Wahlkampf verteilte ein Politiker Rosen an die Kundinnen auf dem Markt. Super praktisch, eine stachelige Rose in der Hand zu haben, wenn man noch einkaufen muss. Und super durchdacht, der alten Blumenfrau auch eine Rose schenken zu wollen. Eine Rose, die vermutlich bei einem großen Discounter, auf

jeden Fall nicht an ihrem Stand, gekauft worden war. Marktfrauen können schimpfen und mit altem Laub werfen. Politiker können sehr schnell laufen und Kunden können lachen.

Es ist eine eingeschworene Gemeinschaft, auf dem Ostmarkt. Unter den Händlern versorgt man sich gegenseitig mit Frühstück, legt Obst, Gemüse und Brot zurück, tauscht Rezepte aus und beäugt sich ab und zu misstrauisch, was die Qualität der Ware und die Preise betrifft.

Sollte es einmal einen Stand „von ganz woanders her" auf den Ostmarkt verschlagen, dann wird der gern geduldet. Wenn er sich an die Regeln hält. Sollte er sich jedoch wie ein Marktschreier gebärden, und „Süße, supersüße Erdbeeren" anpreisen, „süßer als alles andere hier auf dem Markt, keine spanischen Wasserbomben, nur Frucht und Aroma" – dann lehnen sich die Marktleute entspannt zurück.

Sie wissen, dass die Erdbeerzüchter auf dem Ostmarkt, die ihre eigenen Erdbeeren verkaufen, alles haben, nur keine spanischen

Wasserbomben. Und sie wissen, dass ihre Kunden das auch wissen. Von den Schreihälsen hat noch keiner länger als drei Wochen durchgehalten.

Wenn aber das zweijährige Kind aus dem Buggy verschwindet, dann ist das eher einer der dramatischen Momente auf dem Ostmarkt. Nach einer panischen Suche, der sich sehr schnell andere Kunden und auch eine Verkäuferin angeschlossen hatten, fanden wir ihn. Er stand im dichten ersten Schneetreiben bei seiner Lieblingsfrau, der alten Blumenverkäuferin. Den Blick zum Himmel, die Arme ausgebreitet, sang er „Schneeflöckchen, Weißröckchen." Alle Strophen. Immer wieder von vorn.

Aus seinen Anorak-Taschen schauten Mandarinen, Bananen und kleine Äpfel heraus. In den Händen waren die unterschiedlichsten Bonbons zu sehen. „Das Geld hab ich mal lieber eingesteckt", grinste die Blumenfrau und gab mir eine Handvoll Münzen.

So sind sie halt, auf dem Markt, die Händler und ihre Kunden.

Seit mehr als dreißig Jahren lebe ich mittlerweile im Bielefelder Osten, habe die Berufe gewechselt und den Mann, aber niemals den Markt. Die Stände sind von den Vätern auf die Kinder übergegangen. Die Streuobstverkäuferin ist längst stolze Besitzerin eigener Apfel- und Birnenwiesen. Der Erdbeerzüchter baut auch Spargel an. Von jeder Sorte ist ein Biostand auf den Markt gewandert. Brot. Fleisch. Gemüse.

Tante Agnes lebt nicht mehr. Die bunten Bonbons habe ich jetzt durch einen duftenden, heißen Cappuccino ersetzt, den ein Kaffeemarktstand jeden Freitag anbietet – mit einem leckeren Keks nach neapolitanischem Rezept dazu.

Nach all den Jahren kann ich immer noch nicht genau sagen, welches meine liebste Zeit auf dem Ostmarkt ist. Ist es der Herbst, wenn an den Ständen der Blumen- und Staudenhändler die letzten Blütendolden einen echten „Indian Summer“ in Bielefelds alte Arbeitergegend zaubern? Oder doch eher der Winter, wenn zischende Gasheizungen die

Kartoffeln vorm Süßwerden retten, wenn abgeschnittene Handschuhe Hochsaison haben und es Bananen nur unter Decken im Angebot gibt? Oder der Frühling, wenn Krokusse, Tulpen, Narzissen und Tausendschön um die Wette leuchten und mit ihren Farben die letzten Spuren des Winters vertreiben? Wenn ich ehrlich bin, ist es wohl doch der Sommer. Dann, wenn der halbe Markt rot ist. Rot von Erdbeeren, großen Früchten und den besonders aromatischen, kleinen. Den ganz dunklen, deren Marmelade aussieht wie gelierter Rotwein in Gläsern. Oder den ganz hellen, festen, die in Scheiben geschnitten das schönste Dekor für jedes Dessert sind.
Es ist auch nicht wirklich wichtig. Wichtig ist, dass es den Markt immer noch gibt. Und dass gerade wieder, wie jedes Jahr im Februar, ein Schwarm Kraniche über ihn hinweggezogen ist. Was dazu führt, dass Händler wie Kunden ihre Hälse recken, nach oben schauen, dem Trompeten der Vögel zuhören und sich dann mit strahlenden Gesichtern gegenseitig versichern, dass jetzt der Winter

aber auf jeden Fall und ganz bestimmt vorbei ist.
Und dass die Zeit, bis die ersten Erdbeeren rot über den Ostmarkt leuchten, nicht mehr lange hin sein kann.

Eine Woche Sylt

Das war definitiv die falsche Kleidung: Nur eine Jeans in der Tasche, dafür drei Badehosen. Und nicht einen einzigen dicken Pullover …

Wer hätte auch ahnen können, dass alle Fahrer auf dem Autohof in den Norden wollten – kein einziger war Richtung Spanien unterwegs.

Drei Stunden hatte er Familien gefragt und Handelsvertreter, LKW-Fahrer und Studenten. Und immer die gleiche Antwort: Spanien? Tut uns leid. Wir fahren in den Norden.

Warum eigentlich nicht? Aber wenn schon Norden, dann auch richtig – dann nach Sylt!

Hier saß er nun, das Zelt aufgebaut, innen geschätzte 40 Grad, aber draußen blies ein leichter, frischer Wind.

Die Sonne war schon fast hinter der Düne zum Meer verschwunden.
Zeit, endlich an den Strand zu gehen.

Wir werden auch jeden Abend mehr Leute, dachte sie. Kein Wunder. Wenn sechs Frauen zusammen zelten, dann verdoppelt und verdreifacht sich das wohl von allein. Sie sah sich um. Nette Jungs dabei, wirklich. Ein Rettungsschwimmer. Ein angehender Konditor, von allen liebevoll „Törtchen-Architekt" genannt. Ein Judoprofi, der Gitarre spielt. Smart, blond, hübsch aber ein bisschen langweilig. Überhaupt – nett waren sie alle, das schon. Aber nichts für sie, nicht wirklich. Irgendetwas fehlte an diesen Männern, in diesem Urlaub.
Aus Strandholz hatten sie ein Lagerfeuer entfacht und hielten jetzt ihre Würstchen in die Flammen. Oder den Fisch aus dem Hafen, frisch vom Kutter.
Sie nahm die Gitarre aus dem Sand und begann, darauf herumzuklimpern. Ein bisschen Folk. Ein bisschen Beatles. Was halt so passt

zum Sonnenuntergang. Zum romantischen Lagerfeuer.

Ein Holzsteg führte über die Düne zum Strand. Barfuß lief er die Bohlen hoch, blieb oben auf der Düne stehen. Was für ein Ausblick! Soweit er sehen konnte – Meer. Endloses, leicht gekräuseltes Wasser. Mit einer rostroten Sonne kurz über dem Horizont – mehr Kitsch war nicht möglich.
Oder doch: Da war ein Lagerfeuer, unten am Strand. Bestimmt an die zwanzig Leute saßen darum und grillten Würstchen. Das Reden und Lachen klang bis zu ihm auf die Düne herauf. Ein Mädchen im weißen T-Shirt spielte Gitarre und sang dazu. Wenn der Wind ein bisschen nachließ, konnte er den Refrain verstehen. Ein alter Beatles-Song, uralt. „All my loving". Der mit den geschlossenen Augen und den Küssen.
Ewigkeiten her, dass er den Song gehört hatte.
Er lief die Bohlen hinunter, durch den weichen Sand, bis an den Strand. Die Düne hielt

den Ostwind ab, hier unten war es fast windstill.

Sie dachte kurz an Andy zu Hause. Dauernd Streit. Streit und Langeweile. Kurz vor ihrer Abfahrt hatten sie sich nochmal vertragen. Warum eigentlich?
Sie blickte in die Runde. Lachende, gebräunte Männergesichter mit nassen Haaren vom Schwimmen im Sonnenuntergang. Langsam rollten die salzigen Perlen die Rücken hinunter. Das hatte was. Auf jeden Fall. Aber es reichte nicht. Nicht dafür. Nicht für eine Nacht. Nicht für einen Urlaub.

Er ging langsam zum Wasser runter, spürte die prickelnden Wellen an seinen Füßen. Die Gruppe saß immer noch am Lagerfeucr. Süß, die Kleine mit der Gitarre. achtzehn, neunzehn Jahre, schätzte er. Ob ihr Freund wohl mit dabei war?
Eine Weile beobachtete er, wie sie näher um das Lagerfeuer rückten. Pärchen bildeten sich, rutschten zusammen.

Sie blieb sitzen, sang weiter.
Er sah sich die Jungs genauer an. Sportliche Typen, gutaussehend, braungebrannt. Offensichtlich schon länger hier auf der Insel. Die kannten sich alle gut, das war klar.
Keine Chance.
Ein Stück abseits setzte er sich in den warmen Sand, halb zum Meer hin, halb das Lagerfeuer noch im Blick.
Was blieb, war Träumen. Das ging immer.
Er lächelte.

Das ist wie in einem Western, dachte sie. Ein einsamer Cowboy reitet durch die Prärie.
Nur, dass der hier auf der Düne steht. Er muss neu sein. Sieht gut aus, wie der Wind ihm durch das Haar zaust. Ob er allein hier ist?
Sie blickte zur Düne hinauf. Da kam niemand mehr.

Sie legte die Gitarre neben sich in den Sand.
Stand auf.
Klopfte sich den Sand von den Beinen und

ging, runter zum Meer.
Nicht zum Meer.
Sie kam geradewegs auf ihn zu.
Setzte sich neben ihn in den Sand.
Direkt neben ihn.
Sah ihn an.
Einfach so.
Und noch eine ganze Woche Sylt.

Schmetterlingsflügel

Wenn ich zurückdenke, sehe ich immer die riesigen weißen Unterhosen vor mir: Weiß, mit brauner Spur, Herrengröße 7 bis 8.
Gedanken an Christa, die Germanistik studierte und demselben kleinstädtischen Dorf entstammte wie ich selbst und meine Mitbewohnerinnen. Wir hatten Christa in einem linguistischen Fachseminar kennengelernt, im gemeinsamen Beschluss, die indischen Varianten des Wortes „Reis" mit einem heimischen Kaffee zu vertauschen.
Christa war von mächtiger Statur. Groß, breitschultrig, mit kantigem Kopf, eckiger Brille und einem Gang wie ein Matrose auf einem schwankenden Schiff. Schwarze Augen, ganz schmal, dies vielleicht aber auch nur, weil sie in der Fleischesfülle des Gesichts fast völlig verschwanden. Christa lachte laut,

herb und viel, kommentierte zynisch und schloss sich uns dreien sehr schnell an.

Während wir in der Dreizimmerwohnung eines gutbürgerlichen Vierfamilienhauses ein typisches Studentenleben in unserer weiblichen Wohngemeinschaft auslebten, mit Putzdienst und Pizza, Party und Arbeitsgruppen, war Christas Quartier ein Appartement im Souterrain. zwanzig Kilometer vor der Stadt. Sie hatte keinen Führerschein, also besuchten meistens wir sie, oder Christa blieb bei uns über Nacht.

In der Küche gab es ein großes, graues Sofa, auf dem auch jemand ihres Formats bequem schlafen konnte.

Die Nächte mit Christa wurden stets sehr lang: Nie fand sie ein Ende, immer gab sie Kontra, diskutierte alles bis ins Letzte aus. Über Privates wurde nur sehr wenig gesprochen, auch über die Uni nicht. Wir theoretisierten stundenlang.

Nach einigen Monaten lernte Christa vier andere Frauen kennen, mietete, um aus der trostlosen Einsamkeit ihrer Kellerwohnung herauszukommen, gemeinsam mit dem Quartett ein kleines Einfamilienhaus an. Danach sahen wir sie nur noch selten. Aber wenn, dann war es Christa, die kam – geradeso als würde sie eine Art Gleichgewicht zur Vergangenheit herstellen wollen.

Auf den vielen Feten wurde sie nie gesehen.

Wenn sie zu Besuch kam, erzählte sie viel von der Rollenverteilung in ihrem „Fünf-Frauen-Haus". Die anderen seien richtige „Weibchen", gut dass wenigstens eine handfeste Frau wie sie dabei wäre. Schwere Getränkekisten schleppen, da würden die anderen doch ohne sie ganz schön alt aussehen. Und neulich habe sie ganz allein zwei Einbrecher in die Flucht geschlagen, sie sei eben ganz schön kräftig.

Wir haben viel gelacht.

Wenn Christa Witze erzählte, klatschte sie mit beiden Händen auf ihre Schenkel, die Beine weit auseinander fest auf den Boden gestemmt. Nie konnte man sie mit übereinandergeschlagenen Beinen sehen, nie ihre Hände in den Haaren. Höchstens, dass sie zwischen Daumen und restlichen Fingern nachdenklich ihr Kinn rieb. Stets saß sie vornübergebeugt, ihren massigen Körper auf beide Arme gestützt.

Irgendwann wurden ihre Besuche häufiger. Sie blieb zwei oder drei Tage, auch schon mal eine Woche. Und dann blieb sie plötzlich weg. Fast drei Monate sahen und hörten wir nichts von ihr, bis sie eines Abends wieder vor der Tür stand. Noch dicker geworden. Massig, mit aufgedunsenem Gesicht und fahrigen Augen.

Auch diesmal blieb sie über Nacht. Doch geschlafen – geschlafen hat in dieser Nacht keine von uns.

Irgendwann in den frühen Morgenstunden malte Christa plötzlich in einem Zimmer auf die Schreibtischunterlage einen Schmetterling.

„Das bin ich", sagte sie, „verstehst Du?"

Ich verstand nicht.

„Ich bin der Schmetterling, der seine alte Hülle verlassen muss. Ich muss fliegen lernen, um richtig, um wahr zu werden."

Dass ich immer noch nichts begriff, stand mir wohl ins Gesicht geschrieben.
Deshalb erzählte Christa, dass sie endlich festgestellt hatte, keine Frau zu sein. Bei ihr habe sich der liebe Gott eben vertan, vielleicht einen Schwips gehabt, und ihr aus Versehen den falschen Körper gegeben.
„Aber so ganz falsch ist er ja gar nicht", meinte sie grinsend, „guckt mich doch mal an: Wie eine Frau habe ich doch eigentlich noch nie ausgesehen."
Aus dem Einfamilienhaus sei sie ausgezogen. In ihre alte Wohnung, die noch nicht wieder vermietet gewesen wäre.
Nach dieser Erklärung veränderte, vertiefte sie ihr ganzes Verhalten in radikaler Weise. Nicht nur, dass sie „männlich" auftrat, sich so verhielt, wie sie es wohl von einem richtigen Mann erwartete. Auch durfte man sie nun nicht mehr Christa nennen. Sie hieß jetzt Kurt. Und morgens frühstückte sie nur noch in Unterhosen. Männerunterhosen, mit brauner Spur.
Ich werde den Anblick nie vergessen.

Und dann dieser Abend: Christa verliebte sich in eine der Mitbewohnerinnen. In jene, deren Zimmertür direkt zur Küche ging.
Der Weg vom grauen Sofa war nicht weit.
Wir waren hilflos der Situation, der Frau, dem Mann ausgeliefert. Beim Gedanken an ihren nächsten Besuch wurde uns schon im Voraus ganz flau im Magen, aber abgesagt haben wir nie.
Bis Christa eines Nachts bei Bettina am Bett stand. Sie ließ nicht locker, Bettinas Rufe weckten uns auf. Irgendwie haben wir es dann geschafft, Christa davon zu überzeugen, dass es besser wäre, einander vorerst nicht mehr zu sehen. Mit behutsamen Worten drängten wir sie aus dem Zimmer, aus der Küche, aus dem Flur.
Wir fanden später viele Ausreden: Wir wären zu jung, zu unerfahren, zu unbedarft, solche Schicksalseinbrüche in unserer heilen Erziehung nicht vorgesehen gewesen.
Der Stachel bleibt: Wir haben sie einfach zurückgeschickt, in ihre eineinhalb Zimmer im Souterrain mit Vorhang vor der Küchenzeile.

Danach war Christa lange Zeit wie vom Erdboden verschwunden. Auch in den Seminaren wurde sie nicht mehr gesehen.
Dann, ich weiß es noch genau, traf ich sie an einem hellen Frühlingsmorgen auf der Promenade. Ich saß auf einer Bank unter einem dieser traumhaften Mandelbäume, die im März ihre rosa Blüten verschwenderisch auf jeden verstreuen, der unter ihnen entlang eilt oder auf einer der Bänke verweilt.
Plötzlich setzte sie sich neben mich. Die Märzsonne brannte auf ihr weißes Gesicht. Es war am Kinn und um den Mund voller Pickel. Ganz deutlich war ein Bartansatz zu sehen. Sie habe jetzt endlich einen Arzt gefunden, der sie wirklich verstehe, erzählte sie mir mit strahlendem Lächeln. Mit Medikamenten, Hormonen und verschiedenen Operationen, nach und nach, werde sie jetzt ganz zum Mann.
Obwohl mir das fremd war, habe ich mich dennoch mit ihr gefreut.
Sie schien so glücklich.
Dass wir sie die folgenden Wochen nicht

mehr sahen, wunderte keine von uns dreien, hatte sie doch von diversen Operationen gesprochen.

Scheu oder Scham oder beides hielten uns davon ab, sie anzurufen.

Irgendwann tat Bettina es doch: Am Telefon war nur die Vermieterin.

Christa wohne dort nicht mehr.

Als Schmetterling fliegen hatte sie nicht gelernt. Im Kokon hatte sie aber auch nicht mehr sein wollen.

Mit einer Überdosis Schlaftabletten hatte sie drei Wochen zuvor beiden Leben ein Ende gesetzt.

Hinsehen

Nur langsam steigt das Flugzeug in die Luft. Sie hatte gedacht, es müsste schneller gehen, steiler, irgendwie dramatischer. Doch der Flieger erhebt sich fast zögernd, gewinnt aber sanft und bedächtig an Höhe.
Inge Bronski, geborene Werthmann, lehnt sich zurück. Achteinhalb Stunden Flug liegen vor ihr, bis sie in Frankfurt landen wird und damit zum ersten Mal seit 56 Jahren den Boden Europas betritt, Deutschland wiedersieht.
Vierzehn Jahre alt war sie, als sie ihre Heimat, ihre Heimatstadt, verlassen hatte – froh, endlich der gähnenden Langeweile einer Stadt zu entfliehen, in der ihr nichts mehr erlaubt war. Kein Schulbesuch, kein Theaterbesuch, kein Kino, kein Schwimmbad.
Inge Bronski lächelt, als sie an das Schwimmbad denkt. Kalt war das Wasser. Manchmal eiskalt.

Aber sie war eine begeisterte Schwimmerin. Und der Schwimmmeister mochte sie, ließ sie und ihre kleine Schwester auch dann noch hinein, als dies für Juden schon längst verboten war.
Er wusste um das Verbot. Es interessierte ihn nicht.
Genauso wenig wie Erika, ihre Mitschülerin. „Komm, stell dich nicht so an, du bist doch meine Freundin", hörte sie stets, wenn sie zu ihrem Geburtstag eingeladen wurde. Zum Kindergeburtstag mit vielen, sehr anderen, jungen Mädchen.
„Do you want tea or coffee for breakfast?", die Stimme der Stewardess schreckte sie aus ihren Erinnerungen auf.
„Tea, please."
In Amerika trinkt sie nie Tee, aber es kommt ihr irgendwie europäisch vor. Wie eine Einstimmung auf ihren Besuch in Deutschland. Sie hat durchaus noch Erinnerungen, auch noch nach über fünfzig Jahren.
Erinnerungen an den Schwimmmeister, an Erika, an die Nachbarn, die Klassenlehrerin.

An ihre Schule, deren Abschluss sie nie machen konnte. Nicht als Jüdin. Nicht 1943, mit vierzehn Jahren. Stattdessen wurde sie mit ihrer Familie nach Theresienstadt deportiert.
Für andere ist es unbegreiflich, aber sie versteht auch heute noch ihre Erleichterung fortzugehen, wegzukommen. Alles schien besser als das, was sie hatte. Alle anderen waren schon fort, die Verwandten in Amerika. Oder in einem Lager. Was sollte ihre Familie noch hier. Was sollte sie noch hier.
Als 14-jährige in einer Stadt, in der man sie nicht mehr wollte? Ihre Eltern weinten auf dem Weg zum Bahnhof. Sie nicht.
Nach Theresienstadt kam Auschwitz. Dann Birkenau. Hier sah sie ihre Familie zum letzten Mal. Auch ihre kleine Schwester.
Sie selbst kam zum Arbeitseinsatz. Ihre Familie blieb in Birkenau. Sie hat sie nie wieder gesehen.
Sie blickt aus dem kleinen Fenster. Der Flieger ist über den Wolken, keine Erde zu sehen. Die dichte Wolkendecke verschluckt alles, Länder und Ozeane.

Bilder tauchen auf, Bilder von Mithäftlingen, von Aufseherinnen, vom Lagerarzt.
Sie ist geübt darin, diese Bilder verschwinden zu lassen.
„Erinnerungen bringen mich nicht weiter", ist einer ihrer Lebenssätze. Überlebenssätze. Und sie hat sich kaum erinnert. Fragen von Ehemann, Kindern und jetzt Enkeln beantwortet sie immer auf die gleiche Art. Immer der gleiche Satz:
„Es genügt, wenn eine Generation unter dem Gewicht der Geschichte zusammengebrochen ist."
Es ist 22:30 Uhr, als sie Frankfurt erreichen. Ein Taxi bringt sie ins Hotel. Sie ist hellwach, doch hier beginnt die Nacht. Sie wird sie mit Lesen verbringen.
Mittwochmorgen muss der Oberbürgermeister der Stadt, Bernhard Werner, viele politische Gespräche führen, viele unangenehme Gespräche. Denn am Dienstag ist ihm bei der Versendung der Beschlussvorlage für die Ratssitzung am Donnerstag ein Fehler unterlaufen: Der alte Patriarch und Chef der

alteingesessenen weltbekannten Tütensuppen-Fabrik der Stadt, Rüter, Mäzen und Sponsor lokaler Kultur, hatte darum gebeten, seinen Stiefvater zu ehren, ihm ein lokales, praktisches Denkmal zu setzen. *Michaelowsky-Straße* sollte deswegen eine Straße heißen, nach dem Familiennamen des Stiefvaters. Das war mit allen Fraktionen bereits abgeklärt und kein Problem, denn unter den Ahnen der Familie Michaelowsky hatte es einmal einen um die Stadt verdienten offensichtlich integren Hermann von Michaelowsky gegeben.

Doch in der Beschlussvorlage für den Rat hatte plötzlich *Robert von Michaelowsky-Straße* gestanden. Das wäre dem alten Rüter zwar vermutlich noch lieber gewesen, denn dies war der vollständige Name seines Stiefvaters, aber dieser Robert von Michaelowsky war als Namensgeber ein Problem: Er hatte dem *Freundeskreis des Reichsführers SS Heinrich Himmler* angehört. Persönlich. Ein heikles Kapitel der Stadtgeschichte.

Ein solcher Straßenname war im Rat nicht

einfach durchzusetzen. Auf keinen Fall geräuschlos. Nicht mit PDS und Grünen. Da war sensibles Vorgehen gefragt. Deshalb hatte man sich im Vorfeld bei den großen Parteien auf *Michaelowsky-Straße* geeinigt. Ein geschicktes Vorgehen, denn die Grünen konnten dabei nicht anders, als zuzustimmen. Schließlich wären sie sonst in den Verdacht praktizierter Sippenhaft geraten. Ein geschickter Schachzug.

Und jetzt dieser Lapsus.

Es war dem Oberbürgermeister ein Rätsel. Hatte er das wirklich so diktiert? Seine Sekretärin konnte sich nicht erinnern. Sie habe den Text in den Computer gegeben. Und dann habe da *Robert von Michaelowsky* Straße gestanden, aber ob sie das auch geschrieben habe, das wisse sie einfach nicht mehr, bei so viel Post ...

Jetzt war der Aufstand da. Die Fraktionen von Grünen, der PDS und SPD im Rat hatten die Beschlussvorlage unter Protest zurückgehen lassen. Rüter machte daraufhin in einem Anruf deutlich, die Finanzierung der

Theatersanierung könne gefährdet sein. Auf die Schnelle hatte Bernhard Werner eine neue Beschlussvorlage mit *Michaelowsky Straße* erstellen lassen. Bloß dachte natürlich jetzt jeder, der das las, an den Robert. Ob die Vorlage noch durchgehen würde am Donnerstagnachmittag?

Die Presse hatte es auch aufgegriffen. Da würden bestimmt reichlich Störer in den Zuhörerreihen sitzen. Ob die andern Parteien wohl bei der Stange blieben?

So viele Unwägbarkeiten sind nicht seine Sache, Oberbürgermeister Bernhard Werner hat die Dinge lieber einfach.

Am Donnerstag fährt Inge Bronski, geborene Werthmann, mit der Bahn von Frankfurt nach Köln. Erika, die Freundin aus Kindertagen, lebt dort. Verwitwet wie Inge, aber im Gegensatz zu ihr schwer erkrankt. Erika lebt in einem Altenheim. Inge muss erkennen, dass nicht nur der Körper ihrer Freundin gelitten hat. Die Unterhaltung ist schwierig. Es sind nicht nur die 56 Jahre, die sie trennen.

Donnerstagabend. Bernhard Werner kann aufatmen: Keine besonderen Vorkommnisse. Die Namensgebung ist durch. Ein paar Proteste, ein paar Störer, und das Fernsehen war auch irgendwo. Das wird sich schon alles wieder beruhigen.

Freitag, 15:00 Uhr, Hauptbahnhof.

Inge Bronskis Blick wandert über den Bahnhofsvorplatz. Das Hotel, der alte *Kaiserhof*, steht noch. Die Architektur des Anbaus gefällt ihr. Neu neben alt. Gleichberechtigt. Optisch jedenfalls. Ihr Zimmer im Hotel wurde für sie reserviert. Sie hat gerade noch Zeit, sich auszuruhen und frischzumachen. Sie wählt Hose und Pullover aus, die Modeschmuck-Kette, die Ohrringe. Legt Rouge auf und etwas Lippenstift. Dann verlässt sie das Hotel und geht zum Taxistand.

„Zum Rathaus bitte, zum alten." Dass die Stadt auch ein neues hat, weiß sie aus den Unterlagen, die ihr zugeschickt wurden.

Bernhard Werner lässt sich wie immer von seiner Frau bei der Auswahl der Krawatte beraten. Endlich wieder ein erfreulicher

Termin heute Nachmittag: 50 ehemalige jüdische Mitbürger hat er eingeladen, ihre alte Heimatstadt zu besuchen. Immerhin 21 haben zusagt, teilweise sogar aus Amerika. Die Stadt wird sich weltoffen präsentieren. Menschenfreundlich. Gastfreundlich. Mit dem Blick nach vorn. In die Zukunft.

Der Morgen fing gut an. In der Zeitung positive Artikel. Auf dem Lokal-Titel die *Michaelowsky-Straße*. Aber kurz. Nur ein knapper Hinweis auf „einzelne Bürgerproteste". Keiner darauf, dass auch das Fernsehen da war. Wenn er Pech hätte, würde jedoch noch etwas nachkommen. In irgendeiner dieser politischen Sendungen.

Auf Seite zwei dann aber er selbst, groß abgebildet mit Vertretern jüdischer und christlicher Organisationen. Gute Aufnahme. Man hatte ihn auch zitiert: „Bewegende Briefe", die er bekommen habe und die Frage der Juden: „Warum nicht eher?"

Darauf wird er eingehen heute Nachmittag beim Empfang. Auf die Zeit, auf die Generationen und vor allem auf die Zukunft. Der

Vortrag steht bereits. Sein Referent hat gute Arbeit geleistet. Es wird die Rede von einem „bewegenden Moment" sein, von seiner weltoffenen Stadt und davon, dass sie für Menschen aus allen Kulturen und Nationen offensteht. Der Kernsatz wird sein: „Und darauf sind wir stolz in unserer Stadt. Deshalb werden wir aber auch sehr wachsam sein gegenüber allen Bestrebungen derjenigen, die – wenn auch nicht hier bei uns – leider immer noch versuchen, Fremdenfeindlichkeit, Gewalt und Hass zu schüren."

Klare Worte sind wichtig. Gerade hier.

Freitag 17:00 Uhr, Ratssaal.

Empfang der 21 ehemaligen jüdischen Mitbürgerinnen und Mitbürger. Selbstverständlich begrüßt Bernhard Werner alle Gäste mit einem Händedruck persönlich. Er nimmt sich für jeden eine Minute Zeit, spricht mit ihnen, zeigt Verständnis, fragt nach, ergänzt, nickt.

Inge Bronski ist die siebzehnte in der Reihe. Ihr Blick wandert durch den alten Ratssaal, von dem sie sich als Kind immer vorgestellt hatte, wie er wohl aussehen würde. In manchem erkennt sie ihre Phantasien wieder: Die alten schweren Eichenstühle beispielsweise, in deren Lehnen verschiedene Wappen geschnitzt sind. Oder der unvorstellbar große Tisch aus Eiche, schwergewichtig wie die Entschlüsse, die an ihm gefasst wurden. An den Wänden sieht sie die Bilder der Partnerstädte aus Russland, Frankreich und auch aus Israel.

Die Reihe rückt langsam vor. Sie hört Wortfetzen von vergangenen Zeiten, Schulnamen, Lehrernamen, Straßennamen. Noch fünf Gäste sind vor ihr. Bernhard Werner macht ein ernstes Gesicht, lächelt aber freundlich. Vier Gäste noch. Die Reihe stockt etwas. Gast 14 ist in ein Gespräch mit Gast 15 vertieft.

Bernhard Werners Blick geht für kurze Zeit in die Runde.

Sucht ein Gegenüber.

Findet es. Inge.

Und plötzlich, in diesem Moment, ist alles zum Greifen nah.

Das beredte Schweigen.
Das Lautlose, das Nicht-Gesagte.
Das Wegsehen im Hinsehen.
In seinem Blick kann sie in einer Sekunde all jene sehen, die sie nie gesehen hatte, nie sehen konnte.
Weil sie ihr den Rücken zugewandt hatten.
Weil ihre Augen geschlossen blieben.
Weil sie wegsahen.
So viele.
In einem einzigen Blick.
Langsam dreht sie sich um und verlässt den Saal.
Geht durch den langen, hochgewölbten Flur, vorbei an einem kleinen Modell ihrer Heimatstadt.
Durch die erste große Eichentür.
Durch den Vorraum.
Durch die zweite Tür.
Die steinernen Treppen hinunter, die durch Inlineskates ihre scharfen Kanten verloren haben.
Sie verweilt kurz bei einem orangegekleideten Müllmann, der die Reste einer Hochzeitsfeier,

Reis und Papierschlangen, zusammenkehrt.
„Sehr freundlich von ihnen, dass sie den Platz hier sauber halten.“
Sie lächelt ihn an. Der Müllmann lächelt zurück.
„Danke, ist keine gute Arbeit, aber es ist Arbeit. Und immer frische Luft.”
Langsam verlässt sie den Rathausplatz, ordnet sich ein in den Strom der Menschen, die an der Bürgerberatung vorbei Richtung Fußgängerzone strömen.
Ihre Gestalt löst sich inmitten der Kinder und Alten, Hetzenden und Schlendernden, Abgerissenen und Eleganten allmählich auf.
Im alten Rathaussaal schüttelt Bernhard Werner weiter Hände, hört von alten Freunden, erfährt von nicht gemachten Schulabschlüssen, von gebackenem Pickert[1] und dem Wiesenbad, von freundlichen Nachbarn und versteckten Verwandten. Seine Hand, die gerade den 16. Gast mit einem kurzen, aber innigen Druck weitergeleitet hat, greift ins

1 Kartoffelgericht der westfälischen Küche.

Nichts. Zwischen zwei Gästen ist eine Lücke entstanden.
Die übrigen haben sie nicht gefüllt. Keinen Platzhalter gestellt. Die Reihe nicht aufgeschlossen.
Statt der 17. jüdischen Mitbürgerin sieht sich der Oberbürgermeister einer Lücke gegenüber.
Er sieht auf seine Liste. Blickt wieder hoch. Keine vorwurfsvollen Augen, kein milder Blick, kein freudiges Wiedersehen, kein Verständnis, keine Wut.
Sein Blick geht einfach nur ins Leere.
Der jüdische Gast Nr. 18 schüttelt die ihm entgegengestreckte Hand, erzählte von Wanderungen im Teutoburger Wald und von seinem Erstaunen über die vielen Veränderungen.
Bernhard Werner, Oberbürgermeister der Stadt, atmet tief ein.
Eine Schweißperle rinnt seinen Rücken hinab.
Verstohlen wischt er sich die feuchte Hand an der Hosennaht ab.

Ausatmen.
Und ein fester Händedruck.
Es geht weiter.
Immer weiter.

In einem Leben eine Banane

Wann fing das eigentlich an?
Wann fängt das eigentlich an ... die Sache mit dem Vergessen?
Spätestens in der Grundschule, oder? Mit den ersten, vergessenen Hausaufgaben.
Vermutlich aber doch sehr viel eher.
Oder können Sie sich an Ihre Baby-Zeit erinnern? An den ersten Löffel Brei? Ihre erste durchgeschlafene Nacht?
Wohl kaum.
Dafür vielleicht daran, das erste Mal verliebt gewesen zu sein. Oder an Ereignisse wie Hochzeiten oder runde Geburtstage. An Urlaube und Arbeitsplätze.
An leckere Rezepte. An den Duft des Lieblingsparfums.
An die entspannende Wirkung vom Meeresrauschen.

Es gibt so vieles, an das wir uns erinnern.
Was ist, wenn das alles irgendwann mal weg ist?
Oder schlimmer: Keine Abfolge mehr hat. Keine Logik. Wenn alle Erinnerungen durcheinander geraten?
Daran zu denken, ist für die meisten Menschen der blanke Horror.
Auch für mich.

Als Kind habe ich meine Eltern als wahre Riesen wahrgenommen.
Groß und stark und – im Gegensatz zu landläufigen Riesen – auch schlau.
So groß, dass man sich dahinter verstecken konnte.
So stark, dass sie im Notfall alle kindlichen Feinde auf einmal am Schlafittchen packen würden.
Und so schlau, dass sie jede Frage beantworten konnten. Sogar die, warum auch der Morgen vom 24. Dezember Heiligabend heißt.
Spätestens als Jugendliche entdeckt man

dann die ersten Webfehler im perfekten Kuschelpelz der Eltern.
Unverstanden.
Mutterseelenallein.
Zu Unrecht verdächtigt.
Komplett ungerecht behandelt.
Einfach nur furchtbar.
Versteckt wird sich längst nicht mehr hinter Mamas Rücken, sondern im eigenen Zimmer. Hinter Musik und Postern. Oder auch dickem Make-up.
Auch für das Verteidigen sind jetzt andere zuständig.
Für die Träume sowieso.
Gestählte Bodys. Prinzen. Helden. Bühnenhelden.
Fragen sind geklärt, lange bevor sie die Eltern erreichen. Von Freunden, die jetzt immer und überall erreichbar sind. Und auf jeden Fall kompetenter.
Aus Jugendlichen werden Erwachsene. Junge Erwachsene.
Mit älteren Eltern.
Denn diese werden schwächer.

Erst unmerklich, dann immer deutlicher.

Der Vater bittet jetzt öfter darum, bei schweren Kisten mit anzufassen.

Die Mutter entwickelt ein neues System von Einkaufszetteln.

Die ersten Male, in denen man spürt, dass die eigenen Eltern schwächer werden, älter werden – diese Momente tun weh.

Bedeuten sie doch unwiederbringlich das Ende der eigenen Kindheit.

War die Jugend noch ein selbstgewählter, trotziger Abschied, so ist das jetzt fremdbestimmt. Und dieses Gefühl, die Kindheit endgültig aufgeben zu müssen, ist oft alles andere als willkommen.

Erwachsen ja, unbedingt. Aber kein Kind mehr ... Ich weiß nicht ...

Aus dem E wurde endgültig ein Ä: Die Eltern sind älter geworden.

Das ändert sich jedoch schlagartig, wenn Enkel da sind.

Dann werden sie wieder jung.

Es ist wirklich unglaublich, zu welch kindlichen, sogar kindischen Aktionen sie dann

fähig sind. Auch meine Mutter.
Die Kuscheltiere des Enkels sollen unbedingt fliegen?
Dann kommen sie eben ins Küchensieb und werden aus dem Fenster gehalten.
Huiiiiii.
Das Entenfüttern am Teich ist fest versprochen – aber draußen schüttet es wie aus Eimern, und der Enkel hat gar keine Regenjacke dabei?
Dann kommt halt Wasser in die Wäschewanne. Ein aufblasbarer Plastikschwan dazu. Und an den Rand Petersilie, damit es echter aussieht.
Aus dem Türrahmen heraus wird der Schwan mit Brötchenstücken gefüttert.
Im Weitwurf.
Wo ist das Problem?
Nirgends. Es gibt keins.
Sie macht das für das Kind, für den Kleinen.
Wenn es um die Enkel geht, dürfen Großeltern so verrückt sein, wie sie wollen.
Und auch so vergesslich, wie sie wollen.
Wie, du hattest gesagt, der Junge soll vor dem

Abendbrot nichts mehr essen?
Gar nichts?
Auch diese klitzekleinen, klebrigen, in der eigenen, gefühlt dreißig Jahre alten, Pfanne selbstgeschmolzenen *Original Oma Karamellbonbons* nicht?
Tut mir leid, das hatte ich wohl vergessen.
Dass er in der guten Hose nicht auf den Spielplatz soll, wohl auch.
Aber das ist doch nicht schlimm, es gibt doch Waschmaschinen.
Weißt du überhaupt, dass meine Mutter damals nur alle sechs Wochen Wäschewoche hatte? Da mussten wir auf die Kleider aufpassen, dass sie nicht dreckig wurden.
Aber heute ...
Heute ist das doch alles kein Problem mehr!
Ist ja gut, Mama, du hast ja Recht.
Omas dürfen all diesen Alltagsmist vergessen, ignorieren, für überflüssig halten.
Das ist sozusagen ihr Geburtsrecht als Großeltern.
Regeln zu vergessen, das gehört unverzichtbar dazu.

Und ist ein Training für ihre Kinder.
Nur dass diese das in dem Moment noch nicht wissen.
Jahre, Jahrzehnte später heißt, was fröhliches Vergessen war, jetzt Demenz.
Oder schlimmer noch: Alzheimer.
Es ist schwer, das auszuhalten.
Nein, ich meine nicht nur für diejenigen, die dement werden. Oder es sind.
Sondern besonders für die, die dabei zusehen.
„Das habe ich dir doch gerade gesagt."
„Weißt du das denn nicht mehr?"
„Mama, die kennst du doch, seit Jahren schon!"
So viel überflüssige Sätze.
So viel Sätze, die wehtun.
Beiden.
Mir, weil ich es kaum aushalte, meine intelligente, schlagfertige, selbstbestimmte Mutter, die sich ihr Leben lang durchsetzen konnte, so hilflos zu sehen.
So verloren im Labyrinth ihrer rudimentären Erinnerungen.

Und meiner Mutter, weil diese Sätze schlimmer sind als das Vergessen selbst.
Die Demenz ist der Stachel im Leben.
Die Sätze der Kinder sind der Dolch.
Zack, getroffen.
Ich habe Recht, und du bist blöd.
Zack, wieder getroffen.
Sie hat Recht, bestimmt hat sie Recht. Wieso weiß ich das nicht mehr? Bin ich zu blöd oder was?
Die Wunden bleiben.
Die Sätze werden weniger.
Verstummen.
Bei beiden.
Heute weiß ich viel, was ich damals nicht wusste.
Heute würde ich vieles anders machen.
Heute weiß ich auch, dass ich nicht alles falsch gemacht habe.
Manches sogar ganz schön richtig.
Viel richtiger, als ich es vor dreißig, vierzig Jahren gedacht hätte.
Wenn ich an solch eine Situation gedacht hätte.

Denn dann hätte ich gedacht, dass ich mit „sowas" komplett überfordert wäre. Dass ich das nie schaffen würde. Niemals stemmen könnte. Daran zugrunde gehen würde.

All das hätte auch passieren können.

Wenn ich mir alles zugetraut hätte. Oder auch ganz ohne Zutrauen, einfach nur gedacht hätte, dass ich alles, immer und überall, allein schaffen muss.

Habe ich aber nicht.

Habe stattdessen gemerkt, dass ich Grenzen habe.

Das ging nicht eben so, mal hoppla hopp, oh, da ist meine Grenze, super, die sehe ich, die wahre und schütze ich jetzt.

Nein, so funktionierte das nicht.

Die eigenen Grenzen spürt man leider am besten dadurch, dass man sie überschreitet. So lange, bis einer Stopp schreit. Am besten man selbst.

Oder auch wache Angehörige, Freunde, Liebende.

Egal, Hauptsache, es gibt jemanden, der schreit.

Und die zweite Hauptsache: Man hört ihn auch.
Und dann?
Ins Heim abgeschoben. Ein anderes Verb existiert dafür nicht.
Nicht in meinem Kopf, nicht in den Gedanken der anderen, nicht in den Medien.
Abschiebung – kein guter Beigeschmack.
Politisch nicht, bei Heimen auch nicht.
Abschiebung, das ist definitiv das Allerletzte.
Genau.
Das macht man erst, wenn es nicht mehr anders geht.
Von da ab kann es nur furchtbar werden.
Menschen, die mit leeren Blicken auf leere Tische starren.
Stimmt. Nicht immer. Aber stimmt.
Menschen, die sinnloses Zeug vor sich hin reden.
Stimmt. Nicht alle. Aber stimmt.
Was auch stimmt:
Die letzten Fähigkeiten, die noch da sind, werden tatsächlich gebraucht.
Wer läuft, schiebt die, die nicht mehr laufen

können. Wer vorlesen kann, liest vor. Wer singen kann, singt.

Trotzdem: So möchte ich nicht enden.

Aber, wenn ich ehrlich bin: Eigentlich möchten ich gar nicht enden.

So nicht, und anders auch nicht. An diesem letzten, dem allerletzten Punkt meines Lebens hätte ich gern kein Verb. Lieber ein Substantiv.

Ich will nicht „enden". Wer will das schon? Unser Leben sollte bitte ein volles, ein tolles, ein buntes, ein aufregendes, gefühlvolles und abwechslungsreiches Buch sein.

Ein Buch, auf dessen letzter Seite einfach nur „Ende" steht.

Ende, Schluss aus, das war's.

Und jetzt sehen wir, dass es ganz anders wird.

Furchtbar.

Dann der Moment, wenn das erste Entsetzen weicht.

Wenn Alltag wird, was unvorstellbar schien.

Das kann Tage dauern. Oder Wochen. Oder Monate.

Doch dann ist er plötzlich da, der Blick für das Andere.
Die Bereitschaft, neu hinzusehen.
Neugierig.
Anders hinzusehen.
Da sitzt eine alte Frau, die meine Mutter ist.
Sie weiß noch, wer ich bin. Zumindest noch für einige Zeit.
Gut, manchmal siezt sie mich.
„Könnten Sie mir bitte den Stuhl etwas heranrücken?"
Das tut weh. Aber nur, wenn man nicht hinsieht.
Sie lächelt mich an.
Guckt ein bisschen schelmisch, weil sie weiß, dass ich weiß, dass sie dann näher am Tisch sitzt. Und damit besser an den Essensplan herankommt. Der auf jedem Tisch steht.
Und den sie dann fein säuberlich in kleine Papierquadrate zerreißen wird.
Weil sie gerne aufräumt.
Sie guckt mich schelmisch an.
Und ich denke: Klar, mache ich.
Gucke schelmisch zurück.

Und schiebe sie näher an den Tisch heran.
Oder die erste Weihnachtsfeier.
Alle singen laut und inbrünstig *O du fröhliche*.
Meine Mutter singt auch. Allerdings singt sie etwas anderes.
Sie singt: *Liebeskummer lohnt sich nicht*.
Inbrünstig. Laut. Und gut. Schließlich war sie im Bielefelder Kinderchor.
Ich schaue mich panisch um. Wie peinlich.
Nur: Es stört keinen.
Es scheint sogar, der Herr neben ihr sieht sie anerkennend an.
Vielleicht mochte er in seiner Jugend störrische Geister.
Menschen, die einen eigenen Kopf hatten.
Wer weiß.
Ich entspanne mich wieder.
Nicht alles ist lustig.
Sie weiß nicht mehr, welchen Beruf sie hatte. Dass sie überhaupt einen hatte. Dass sie verheiratet war.
Alles weg.
Alles vergessen.
Wie furchtbar.

Alles vergessen.
Alles weg.
Wie schön.
Die Angst vor engen Fahrstühlen.
Das Ergebnis eines ganzen Jahres der Kindheit voller Nächte im Bunker. Wegen der Fliegeralarme. Immer wieder abends, nachts, das Geheule.
Von 21 Uhr bis 3 Uhr morgens. Nacht für Nacht im Bunker.
Danach: 75 Jahre Angst im Fahrstuhl. Immer. In jedem Fahrstuhl.
Und jetzt?
Einfach weg, die Fahrstuhl-Angst.
Verlorengegangen in der Demenz.
Einfach vergessen.
Wie schön.
Aber wenn die Wörter fehlen, das muss doch furchtbar sein.
Sich nicht mehr ausdrücken zu können.
Für mich als Schriftstellerin wahrlich eine Horrorvorstellung.
Doch ich habe gelernt: Auch das ist nur eine Frage der Einstellung.

Versuche ich, wie wild nach den passenden Wörtern zu suchen, die ich doch nicht finden werde, ist es sicherlich die Hölle.
Übergebe ich diese Aufgabe einfach meinem Gegenüber, ist es ganz einfach.
Sollen sich doch die anderen den Kopf zerbrechen, was ich meine.
„Ja, Sabine, also weißt du, dann ist der immer mit der Schublade, und hui, diese Kurven, das glaubst du nicht. Das war schön!"
Jetzt bin ich dran.
Ich muss das Rätsel lösen.
In diesem Fall nicht schwer.
Die Kommode ist neu im Zimmer, deshalb ist das Wort schnell greifbar.
Gestern war der Enkel da. Hat sie mitgenommen auf einen Ausflug. Zur Sparrenburg. Mit dem Auto. Die Kurven hoch bis zur Burg.
„Ja, Sabine, also weißt du, dann ist der immer mit der Schublade, und hui, diese Kurven, das glaubst du nicht. Das war schön!"
„Das war schön gestern, auf der Sparrenburg, nicht?", sage ich.

Ich habe das Rätsel gelöst.
Sie strahlt.
Nicht alle Rätsel lassen sich lösen.
Nicht jeder Satz wird entschlüsselt.
„Sabine, ich glaube, ich habe zwei Leben. Und in einem davon liegt eine Banane."
Manche Sätze bleiben einfach so im Raum stehen.
Als wären sie immer schon dagewesen.
Bleiben einfach Poesie.
Das ist es, was bleibt.
Am Ende.
Poesie.

Der Jacobitag

„Hilf uns, Herr. Sei gnädig unserem Leben.“ Es war das erste Mal, dass ihr das „uns“ in die Gedanken fiel, und sie erschrak vor der Wucht dieses Wortes. Sie hatte längst entschieden, ihr Schicksal beschlossen, aber nun war es unumkehrbar. Der Herr würde es gehört haben, in seinem eigenen Haus, der prächtigen Altstädter Nicolaikirche. Gott sah alles, Gott hörte alles. Er las in den Herzen der Menschen und in ihren Gedanken.

Er wird mich nicht verdammen, dachte sie. Er darf mich nicht verdammen. Ich konnte es nicht, ich kann es nicht. Wenn auch niemand es verstehen mag – er wird es können.

Es war der 25. Juli des Jahres 1706. Jacobitag, der Beginn der großen Erntezeit.

Seit dem Morgengrauen hatten sie mit der

Ernte begonnen. Alle zusammen, denn die Luft war heiß und schwül, und ein großes Gewitter drohte.

Der Nachmittag gehörte am Jacobitag jedoch dem Herrn. Keine Ernte konnte gedeihen ohne sein Wohlwollen, ohne seinen gnädigen Segen.

Ein kleines Bisschen davon fällt sicher auch auf uns, hoffte sie, und legte ihre Hand auf ihren Bauch.

Die Frau neben ihr tuschelte mit ihrem Mann und rückte ein Stück ab. Sie sah sie verächtlich an. „Hure", meinte sie zu hören.

Morgens hatte die Bäuerin ihr die leichtere Arbeit gegeben. Sie war eine gute Frau. Eine gute Frau eines harten Mannes. Er hatte schon eine Braut bestimmt für seinen Sohn. Die Bäuerin wusste es und hatte ihr helfen wollen. Vom ersten Moment an. Schon im Frühjahr hatte sie Unmengen an Petersilie ausgesät. Immer wieder hatte sie ihr in den letzten Wochen den Sud zum Trinken gegeben. Gekocht aus den Früchten.

Ganz schlecht war ihr geworden. Nicht nur

morgens. Geholfen hatte es nichts. Seit langem war sie schon vor dem Morgengrauen auf und übergab sich am Waldrand.
Der Bauer durfte es nicht merken. Niemals. Sein Sohn Jakob hatte schon genug zu leiden unter dem Vater. Er war nicht stark genug. Nicht für drei.
Aber sie wollte nicht an den Pranger. Wollte nicht verachtet und verstoßen werden.
Nicht ins Gefängnis müssen. Nicht für ein uneheliches Kind. Nicht für eine Nacht voller Herzklopfen und Berührungen und voller Wärme und Hitze mitten in einem eiskalten Winter.
Es hatte sich so richtig angefühlt. Und war doch so falsch gewesen.
„Der Peterling hilft dir nicht mehr. Du musst fort. Geh zur alten Trine", hatte die Bäuerin ihr letzte Woche gesagt. Die alte Trine nahm neugeborene Pflegekinder auf. Sie fragte nicht viel. Und die Bäuerin hatte ihr Geld gegeben.
„Keines der armen Würmchen wird auch nur ein Jahr alt", hatte die andere Magd, Alke, ihr

zugeraunt, „die Trine macht sie zu Engeln. Alle."
Sie war hingegangen, zur Trine. Trine hatte sie befragt, und betatscht, und gegrinst mit ihrem zahnlosen Mund.
„Komm nach der Ernte wieder", hatte sie gesagt und eine der Münzen genommen.
Nach der Ernte – das war noch so lange hin gewesen.
Bis heute.
Heute war Jacobitag, der Beginn der Erntezeit.
Ab jetzt waren alle jeden Tag auf dem Feld.
Auch Jakob.
Jeden Tag neben ihm arbeiten. Jeden Tag seine Blicke spüren. Irgendwann seinen Blick auf ihrem Bauch. Das würde sie nicht aushalten. Niemals. Nicht einen ganzen Sommer lang. Und schon gar nicht den Herbst, wenn sie mit dickem Bauch in der Spinnstube sitzen würde.
Sie war im Wald gewesen, am Mittag, vor dem Kirchgang.
Im Wald, unweit der alten Klosterruinen,

standen mehrere Büsche. Sie kannte die Plätze, wo Tollkirschen wuchsen. Nicht viele, nur wenige Beeren würden reichen. Und ein ruhiges Plätzchen unter einem schattigen Baum.

Es war eine Sünde. Aber ihr ganzes Leben würde von jetzt an Sünde sein.

Die runden Früchte glänzten verführerisch im Lichtschatten der Bäume. Ein paar Beeren nur. Eine kurze Zeit. Ein Bett unter dem Baum. Doch es ging nicht. Ihre Hand wollte ihr nicht gehorchen und weigerte sich, die Früchte abzureißen.

Verzweifelt war sie neben dem Busch ins weiche Waldbett gesunken.

Und da spürte sie es.

Ein Flattern in ihrem Bauch wie die Flügel eines Schmetterlings. Ganz sanft und leicht, federleicht.

Und tonnenschwer.

Eine Last, die sich nicht abschütteln ließ. Nicht mit Petersilienblüten. Nicht mit Tollkirschen. Auch nicht mit Gebeten.

Als sie die Kirche betrat, meinte sie, Getuschel

von den Kirchenbänken zu hören. Versteckt wurde auf sie gezeigt. Die Mädchen kicherten und blickten schnell wieder weg. Die Bürgersöhne schauten sie viel länger an als es schicklich war.

Die Verachtung der alten Frauen sprühte bei jedem „Amen" wie ein Funkenregen zu ihr herüber.

Die Menschen verstanden gar nichts. Aber er, der von dort oben so gnädig herabblickte, er würde sein Antlitz leuchten lassen, auch über ihnen beiden.

Sie betrachtete die schlanken Finger der Christusstatue in einer Nische der Kirche. Der Herr ist wohl kein Knecht gewesen, dachte sie. Ob er wirklich die Sorgen der Mägde verstehen würde? Ihre Nöte? Ob er wusste, welch ein Glück es war, wenn einen der Bauer im November nicht vom Hof jagte, um einen im März wieder einzustellen? Ob er ahnen konnte, wie kalt die Winter allein in der Kammer waren? Oder wie warm ein anderer Körper ist?

Welch' sündige Gedanken – sie erschrak vor

sich selbst. Doch war es wirklich noch wichtig, ob sie sündigte? Konnte sie noch mehr sündigen? „Verführung", würde die Kirche sagen. Verführung. Vielleicht sogar Hexerei. Fast wäre noch ein Mord dazu gekommen. Auf jeden Fall aber heute Mittag noch der Diebstahl.

Sie wusste, wo in der Stube der Bauern die hölzerne Truhe stand, und sie hatte keine Angst vor dem Hund, der sie bewachen sollte. Der war aufgemalt, auf dem Boden der Truhe, das hatte Jakob ihr verraten.

Es waren nicht viele Münzen darin gewesen. Aber mehr, als sie jemals gesehen hatte.

Doch die Münzen waren ihr egal. Sie wollte den Ring. Den dünnen, silbernen Ring. Das einzige Schmuckstück, das die Magd vor ihr jemals besessen hatte. Und das der Bauer ihr abgefordert hatte.

Als Wiedergutmachung für einen befleckten und zerstörten Ballen Stoff. Es war ein einfacher Ring, und es war gut, dass es ein einfacher Ring war.

Draußen verdunkelte sich der Himmel, ein

ferner Donner kündigte das Herannahen eines heftigen Gewitters an.
Alle waren sie heute in der Kirche. Die feinen Herren aus der Stadt, aber auch die Bauern und Bäuerinnen. Am Jacobitag vergaß niemand, seine Gebete zu sprechen. Sie baten um eine reiche Ernte, um freundliches Wetter, um Gesundheit und guten Ertrag.
Jakob und seine Eltern waren auch da. Sie wich seinem Blick aus. Das Auge der Bäuerin traf sie. Sie sah die Frage darin. Warst du bei Trine? Hast du ihr das Geld gegeben? Nimmt sie das Kind?
Ja, sie nimmt es, dachte sie und legte erneut die Hand auf ihren Bauch. Aber die Münzen werden kaum für mehr als zwei, drei Monate reichen. Und dann?
Dann macht sie einen Engel aus ihm. Einen kalten, kleinen Engel in einer kalten Winternacht. Den Gedanken ertrage ich nicht, Bäuerin, verstehst du das? Ich kann es nicht allein lassen, nicht allein den Winter erleben lassen. Wenn wir gehen müssen, gehen wir gemeinsam.

Ihr Rücken schmerzte und sie lehnte sich zurück.
Es donnerte erneut.
Der Herr zürnt mit mir, dachte sie, er ist kein gnädiger Gott. Es ist ein zorniger, rachsüchtiger Gott. Niemals werden wir Frieden finden hier, es wird kein Leben geben hier für uns.
Pastor Fuhrmann forderte seine Gemeinde auf, gelassen zu bleiben und auf Gott zu vertrauen, der für alle sorgen würde in seiner unendlichen Güte.
Sie hielt es nicht mehr aus auf ihrer Bank. Was nützte ihr die göttliche Güte, wenn die menschliche Grausamkeit sie vernichten würde? Wie grausam war es von einem Gott, sich als steinernes Abbild in seiner Kirche zu zeigen – und den menschlichen Gott am Kreuz zu vernichten?
Sie fühlte den Ring in ihrer Rocktasche. Sollte Gott sie doch strafen für die Sünde, für den Diebstahl, für den Verrat und ihren Unglauben.
Es war ihr egal.

Sie stand auf und verließ die Kirche. Hinter einem Grabstein hatte sie ihre guten Schuhe versteckt. Sie würden lange halten müssen. Der Weg war weit.
Mehrere Tage würde sie gehen müssen, bis die Bielefelder Gerichtsbarkeit nicht mehr zuständig wäre. Tage, in denen sie sich tagsüber versteckt halten müsste, und nur nachts vorankäme.
Dann, nach wohl einer Woche, wäre sie nicht mehr Anna, die Magd, unverheiratet und schwanger. Anna wäre verschwunden. Es gäbe nur noch eine schwangere Witwe ohne Gedächtnis. Mit einem Ring am Finger.
Hinter ihr verdunkelte sich der Himmel immer mehr. Die ersten Blitze zuckten. Der Donner wurde lauter.
Ein sintflutartiger Regen setzte ein und durchnässte sie bis auf die Haut. Der Wind zerrte an ihren Haaren und machte das Gehen schwer.
Es war ein wahrhaft göttliches Zornesgewitter, das an diesem 25. Juli, dem Jacobitag des Jahres 1706, auf Bielefeld traf. Ein Unwetter,

wie es nur selten gesehen wurde. Nachtschwarz wurde der Himmel. Nur erhellt von den grellen Blitzen, die vom Himmel auf die Erde zuckten. Ein ohrenbetäubender Donner folgte auf den nächsten, und jede Windböe schien doppelt so stark zu sein wie die vorherige.

Sie kämpfte sich, die Sparrenburg im Rücken, den Wald zur Linken, durch das Unwetter. Immer weiter Richtung Norden.

Hinter ihr fiel das Gewitter mit mächtigem Zorn in die Altstadt ein. Orkanartige Böen entwurzelten Bäume, zerstörten Häuser.

Anna drehte sich nicht um und kehrte nicht wieder in die Stadt zurück.

So erfuhr sie auch niemals, dass der Sturm den Turm der großen Altstädter Kirche heruntergeschlagen und das ganze Kirchdach zerstört hatte. Auf den Platz, auf dem sie wenige Minuten zuvor noch gesessen hatte, war ein riesiger Steinbrocken gestürzt und hatte die hölzerne Bank unter sich begraben.

Nach weniger als einer Stunde verzog sich das Unwetter. Der Himmel wurde wieder

klar und die Sonne schien.
Annas Spur verlor sich zwischen den Feldern und Wäldern im Norden Bielefelds.